AF634189

SETZE GOTTES KRAFT FREI!

JOSEPH PRINCE

SETZE GOTTES KRAFT FREI!

ERLEBE DIE VORTEILE DES SPRACHENGEBETS

AUS DEM ENGLISCHEN VON
THILO NIEPEL

Grace today VERLAG

Die englische Originalausgabe erschien im Verlag 22 Media Pte. Ltd. unter dem Titel *Release God's Power! Experience the Benefits of Praying in Tongues.*

Die Deutsche Nationalbibliothek verzeichnet diese Publikation in der Deutschen Nationalbibliografie; detaillierte bibliografische Daten sind im Internet über https://portal.dnb.de abrufbar.

Gestaltung: © 22 Media Pte. Ltd.
Corporate Design & Satz: Gabriel Walther – www.gabrielwalther.com
Lektorat: Sonja Yeo, Gabriele Kohlmann
Druck: Wydawnictwo ARKA, Cieszyn, Polen
Printed in Poland

2. Auflage 2025

Taschenbuch: ISBN 978-3-95933-139-5, Bestellnummer 372139
E-Book: ISBN 978-3-95933-140-1, Bestellnummer 372140

www.gracetoday.de

EINLEITUNG

Bist du heute besorgt, verunsichert oder verängstigst? Vielleicht stehst du vor einer Herausforderung oder hast es mit einem langwierigen Problem zu tun, das immer noch nicht gelöst ist. Vielleicht hast du deswegen schon – beharrlich – gebetet, hast aber immer noch das Gefühl, dass du feststeckst.

Wenn dir das bekannt vorkommt, habe ich eine gute Nachricht für dich!

Gott will nicht, dass du dich deinem Problem allein stellst. Er will dich ausrüsten und dazu befähigen, dich zu erheben und in jeder Situation in seiner göttlichen Kraft zu leben – durch sein kostbares Geschenk des Sprachengebets.

Die Sprachenrede ist eine himmlische Gebetssprache, die dir helfen wird, effektiv gemäß dem Willen Gottes zu beten und seine Weisheit und Lösungen in jede Anforderung oder Situation hineinzubringen. Dieses kraftvolle Gnadengeschenk Gottes wird deinen Glauben aufbauen, deinen Körper wiederherstellen und dafür sorgen, dass du seine Heilung, seinen Schutz und seine praktische Versorgung in deinem Leben erfährst. Es ist *ein* Gnadengeschenk mit *vielen* Vorteilen. Und das Beste dabei ist, dass du es nur in Empfang nehmen musst, um es zu nutzen.

In diesem Buch möchte ich alle, die das Geschenk des Sprachengebets zwar empfangen haben, es aber nicht mehr praktizieren, von Herzen ermutigen. Ich will sie ermuntern, wieder in Sprachen zu beten. Wenn du jetzt gerade vor einer Herausforderung stehst, versuche nicht, die Situation aus eigener Kraft zu bewältigen. Empfange stattdessen eine frische Offenbarung über dieses Gnadengeschenk, das Gott dir gemacht hat, und fange an, in Sprachen zu beten, während du in Gottes Liebe zu dir ruhst.

Wenn du noch nie in Sprachen gebetet hast, will ich dir anhand der Bibel die kraftvollen Vorteile dieses praktischen Gnadengeschenks zeigen, und dich wissen lassen, dass dieses Geschenk auch dir zusteht. Entdecke, wie du anfangen kannst, in dieser gottgegebenen Sprache zu beten, und vertraue darauf, dass der Geist Gottes, der alle deine Sorgen versteht und sieht, wo das Problem liegt, dich zum Sieg führen kann.

Lieber Freund (damit meine ich natürlich immer auch alle Frauen), ich bete, dass die lebenswichtigen Wahrheiten und die Zeugnisse in diesem Buch dir helfen zu verstehen, wie Gottes Lösung für jede Herausforderung oder Notlage durch das Beten in

Sprachen freigesetzt wird. Mögest du lernen, wie man dieses Gnadengeschenk nutzt, und dadurch übernatürliche Durchbrüche erleben!

In seiner Liebe

INHALT

Was ist dieses Geschenk,

DAS MAN SPRACHENGEBET NENNT?

Das Sprachengebet ist Gottes erstaunliches Geschenk an seine Kinder, das uns hilft, kraftvoll und angemessen zu beten.

Hast du gewusst, dass Gott dir ein wunderbares Geschenk gemacht hat, mit dem du seine Heilung, seinen Schutz, seine Weisheit und Versorgung in deinem Alltagsleben freisetzen kannst?

Es ist eine mächtige Waffe gegen die Angriffe des Feindes, das perfekte Gebet in jeder Situation und ein göttlicher Kanal, durch den deinem Körper Heilung und Gesundheit zufließen. Das ist das Geschenk des Sprachengebets.

WAS IST DAS »SPRACHENGEBET«?

Im Neuen Testament zeigt uns der Apostel Paulus, dass uns als Gläubigen ein ganz besonderes Geschenk gemacht wurde – das Sprachengebet, die himmlische Sprache des Heiligen Geistes. Warum ist dieses Geschenk so außergewöhnlich?

Römer 8,26–28 zeigt uns, dass das Geschenk des Sprachengebets ein enormer Segen für unser Gebetsleben ist: Wenn wir nicht wissen, wie wir Gott mitteilen können, was in unserem Herzen ist, oder wenn wir nicht wissen, wofür wir in Übereinstimmung mit Gottes Willen beten sollen, dann betet der Heilige Geist für uns »mit einem Seufzen, das sich nicht in Worte fassen lässt« (V. 26 NLB).

Ist es nicht beruhigend zu wissen, dass dort, wo wir schwach und begrenzt sind, der Heilige Geist es nicht ist und er für uns im Einklang mit dem vollkommenen Willen Gottes beten kann? Und was ist das Ergebnis? Wir werden erleben, wie Gott alles zu unserem Besten und zu seiner Ehre zusammenwirken lässt!

Lieber Freund, das Sprachengebet (oder das Beten im Geist) ist Gottes erstaunliches Geschenk an seine Kinder, das uns hilft, kraftvoll und angemessen zu beten. Wenn du in Sprachen betest, wirst du nie am Ziel vorbei beten, denn der Geist, der weiß, was der vollkommene Wille Gottes für uns ist, tritt für dich ein. Wenn du in Sprachen betest, öffnest du die Tür, um Gottes Kraft, Heilung und praktische Versorgung für jedes deiner Bedürfnisse in dein Leben hineinzulassen.

In Johannes 7,38–39 verglich Jesus den Heiligen Geist mit Strömen von lebendigem Wasser, die aus uns herausfließen. Wenn du im Geist betest, aktivierst du diese Ströme lebendigen Wassers – heilende, kraftbringende, lebensspendende und segensreiche Ströme des Heiligen Geistes – und lässt sie in deine Situation hineinfließen!

Bedeutet das nun, dass Gläubige, die nicht in Sprachen beten, nicht den Heiligen Geist haben?

Keinesfalls. Als gläubiger Christ hast du den Heiligen Geist empfangen, als du den Herrn Jesus zu deinem Retter machtest. Durch sein vollbrachtes Werk am Kreuz hat Jesus dich so rein – so gerecht – gemacht, dass der Heilige Geist heute in dir lebt (siehe 1Kor 3,16). Das bedeutet: Auch wenn du nicht in Sprachen betest, kannst du den Heiligen Geist haben.

Doch Gott liebt dich so sehr, dass er nur das Beste für dich will. Er hat uns das Sprachengebet geschenkt, damit der Heilige Geist – den die Bibel unseren »Helfer« nennt (siehe Joh 14,16) – uns helfen kann, in wirksamer Weise zu beten und Gottes praktischen Segen in unser Leben zu bringen.

INWIEFERN IST DAS SPRACHENGEBET EIN GNADENGESCHENK?

Das Ermutigendste am Sprachengebet ist, dass es sich um ein Gnadengeschenk handelt. Als Geschenk ist es etwas, was du einfach annimmst; es ist nichts, wofür du arbeitest oder was du dir verdienst. Das Sprachengebet ist ein Gnadengeschenk, das durch das Blut Jesu erkauft wurde! Sein Werk am Kreuz hat dich so gerecht gemacht, dass sein Heiliger Geist in dir wohnt und es kaum erwarten kann, dich zu erfüllen.

In der Liste der Gaben des Heiligen Geistes, die Gott der Gemeinde geschenkt hat, erwähnt der Apostel Paulus auch die Gabe der »Sprachen« bzw. der »Zungenrede«. Wenn du das Wort »Gaben« aus 1. Korinther 12,4 nachschlägst, wirst du feststellen, dass es vom griechischen Wort *charisma* stammt, was wörtlich übersetzt »Geschenk der göttlichen Gnade« bedeutet.

Nach *Strong's Concordance* ist das Sprachengebet eine von Gottes Gnadengaben, »die außergewöhnliche Kräfte bezeichnet …, deren Empfang auf die Macht der göttlichen Gnade zurückzuführen ist, die durch den Heiligen Geist auf ihre Seelen wirkt.«[1]

Lieber Freund, das Sprachengebet ist Gottes *Gnadengeschenk* an dich, durch das er dich stärkt und dich befähigt, im Übernatürlichen zu leben, damit seine Herrlichkeit an dir sichtbar wird. Um es entgegenzunehmen, musst du nichts weiter tun, als Gott darum zu bitten. Dieses phänomenale Geschenk wird nicht nur dein Gebetsleben verändern, es wird jeden problembehafteten Bereich berühren und verwandeln und Gottes Sieg herbeiführen.

Warum ist das Sprachengebet wichtig

FÜR DEN GLÄUBIGEN HEUTZUTAGE?

**Unsere
Zunge
öffnet
das Tor,
durch das
der Segen
des Herrn
in unser
Leben
treten
kann.**

Gibt es biblische Belege dafür, dass das Reden in neuen Sprachen ein Geschenk ist, das wir als Gottes Kinder ergreifen sollen? Auf jeden Fall! Bevor Jesus in den Himmel auffuhr, gehörte zu seinen letzten Worten: »Diese Zeichen aber werden die begleiten, die gläubig geworden sind: In meinem Namen werden sie Dämonen austreiben, sie werden in neuen Sprachen reden« (Mk 16,17).

Jesus sagte seinen Jüngern, dass das Geschenk des Sprachengebets ein Zeichen von Gläubigen sein werde, die in der übernatürlichen Kraft des Herrn leben. Außerdem sehen wir in Apostelgeschichte 1,4–8, wie der Herr seinen Jüngern kurz vor seiner Aufnahme in den Himmel gebot, in Jerusalem auf die »Verheißung des Vaters« zu warten. Denn dann würden sie (begleitet durch das Reden in neuen Sprachen) mit dem Heiligen Geist getauft werden, Kraft empfangen und seine Zeugen sein.

Und genau das geschah dann auch kurze Zeit später am Pfingsttag (siehe Apg 2). Der Bericht über die erstaunlichen Ereignisse, die an diesem Tag stattfanden, zeigt uns, wie die Gemeinde geboren wurde, als die 120 Jünger im sogenannten Obergemach im Heiligen Geist getauft wurden und in

Sprachen redeten. Beachte bitte, dass die Fähigkeit, in Sprachen zu reden, die allererste übernatürliche Gabe war, die Gott seiner geliebten Gemeinde schenkte:

Und es entstand plötzlich vom Himmel her ein Brausen wie von einem daherfahrenden gewaltigen Wind und erfüllte das ganze Haus, in dem sie saßen. Und es erschienen ihnen Zungen wie von Feuer, die sich zerteilten und sich auf jeden von ihnen setzten. Und sie wurden alle vom Heiligen Geist erfüllt und fingen an, in anderen Sprachen zu reden, wie der Geist es ihnen auszusprechen gab.

APOSTELGESCHICHTE 2,2–4

Am Pfingsttag – dem bedeutendsten aller Tage nach Jesu Tod und Auferstehung – gab Gott seiner Gemeinde, als sie mit dem Heiligen Geist erfüllt wurde, von allen möglichen Gaben ausgerechnet das Geschenk der Sprachenrede. Glaubst du, Gott hätte ihnen etwas gegeben, was ihnen nicht nützen und Jesus nicht verherrlichen oder ehren würde?

Sieh dir nur an, was diejenigen erlebten, die die Jünger an jenem Tag in anderen Sprachen reden hörten. Diese Männer, die aus Jerusalem und »von jeder Nation unter dem Himmel« (Apg 2,5 ELB) kamen, reagierten mit großer Verwunderung, als sie die Jünger in Sprachen reden hörten: »Siehe, sind diese, die da reden, nicht alle Galiläer? Wieso hören wir sie dann jeder in unserer eigenen Sprache, in der wir geboren wurden? … wir hören sie in unseren Sprachen die großen Taten Gottes verkünden!« (Apg 2,7–11).

Mein Freund, wenn du in Sprachen betest, verkündest du die wundervollen Taten Gottes! Du prahlst nicht mit deinen eigenen Werken, sondern mit *seinen* wunderbaren Werken. Hier wird auch deutlich, dass man beim Sprachengebet neben einer himmlischen Sprache auch Japanisch, Hebräisch oder Italienisch sprechen könnte. Wie auch die Jünger wärst du dir dessen vielleicht nicht bewusst, aber deine Zuhörer würden die wundervollen Werke Gottes hören, darüber staunen und Gott die Ehre geben.

Kannst du dir vorstellen, wie großartig es wäre, wenn wir den ganzen Tag lang über die wundervollen Werke Gottes sprechen könnten?

Engel würden darauf reagieren, Dämonen würden fliehen, unsere Gedanken würden lebendig und unser Geist, unsere Seele und unsere Emotionen würden erfrischt werden! Wir würden wirklich sehen, wie die Kraft des Geistes in unserem Leben und unseren Umständen offenbar wird!

VOM GEIST UMARMT, WIRD GOTT VERHERRLICHT

Anhand des Neuen Testaments möchte ich dir noch eine weitere Sache über das Wirken des Heiligen Geistes und das Geschenk des Sprachengebets zeigen. Jedes Mal, wenn die Bibel darüber berichtet, dass Gottes Geist auf die Gläubigen kommt oder fällt, wird dieses Ereignis immer davon begleitet, dass sie in Sprachen reden.

Neben dem Bericht in Apostelgeschichte 2 sehen wir dies in Apostelgeschichte 10, als Petrus im Haus von Kornelius predigte, einem gottesfürchtigen nichtjüdischen Hauptmann. Laut der Bibel waren die Juden-Christen, die mit Petrus unterwegs gewesen waren, erstaunt, dass das Geschenk des Heiligen Geistes auf diese Nichtjuden ausgegossen wurde. (Im Griechischen bedeutet das Wort, mit dem das Fallen des Heiligen Geistes auf Kornelius' Hausgemeinschaft beschrieben wird, eigentlich »*mit Zuneigung annehmen*«.[2]) Woher wussten sie aber, dass das geschehen war? In der Bibel heißt es: »Denn sie hörten sie in Sprachen reden und Gott hochpreisen« (siehe Apg 10,44–46).

Lieber Freund, die Bibel zeigt uns deutlich, dass das Sprachengebet ein himmlisches Geschenk ist, das Gott seinen geliebten Kindern machen möchte. Es ist ein Geschenk, durch das du die Umarmung des Geistes spüren, mit übernatürlichen Fähigkeiten ermächtigt werden und den Herrn loben kannst. Es ist ein Geschenk, das dein Leben mit dem Herrn auf eine ganz neue Ebene führen wird!

WARUM BERÜHRT GOTT UNSERE ZUNGE?

Warum macht uns Gott ein Geschenk, das unsere *Zunge* betrifft? Mein Freund, das Sprachengebet ist gerade deswegen so ein wichtiges und praktisches Geschenk, weil es mit diesem kleinen menschlichen Körperteil zu tun hat.

Die Bibel zeigt uns mithilfe verschiedener Bilder in Jakobus 3,2–8, dass die Zunge trotz ihrer geringen Größe zu großer Macht fähig ist. Auf die gleiche

Weise wie eine Trense im Maul eines Pferdes ihm die Richtung angibt, ein riesiges Schiff von einem viel kleineren Ruder geführt wird und ein Funke einen ganzen Wald in Brand setzen kann, so kann auch deine Zunge den Verlauf deines Lebens steuern.

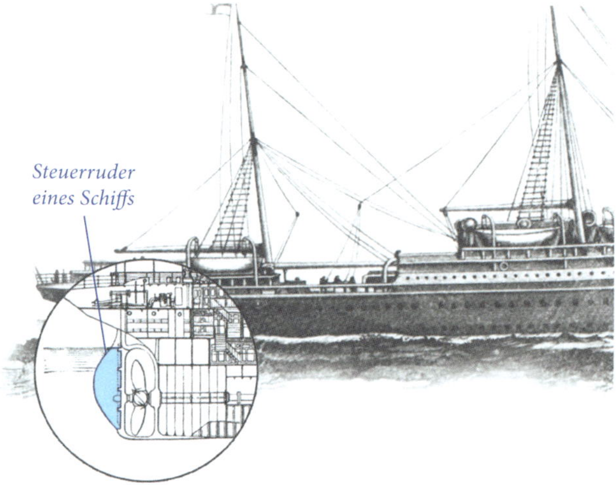

Unsere Zunge öffnet das Tor, durch das der Segen des Herrn in unser Leben treten kann. Die Bibel sagt uns deutlich, dass Leben und Tod in der Macht der Zunge liegen (siehe Spr 18,21). Gott weiß: Wenn du ihm deine Zunge unterstellst, kann er dein ganzes Leben verändern. Während du im Geist betest und in Sprachen redest, erlaubst du ihm, dich zu heilen und sich um deine Umstände zu kümmern – deine finanziellen Herausforderungen, deine Beziehungen oder die schwierige Situation in deiner Familie oder am Arbeitsplatz.

Möchtest du dem Herrn mühelos das Steuer deines Lebens überlassen? Das kannst du, indem du sein Geschenk des Sprachengebets annimmst und anfängst, es in deinem Alltag einzusetzen. Du wirst sehen, wie Mangel und Krankheit verschwinden, wenn er die Kontrolle hat. Wenn er am Steuer ist, herrschen Heilung, Weisheit und Leben!

Welchen Nutzen

HAT DAS SPRACHENGEBET?

**Wenn
du in
Sprachen
betest,
setzt du
Ströme von
Gottes
Weisheit,
Versorgung
und Heilung frei,
die in deine
Umstände
hineinfließen.**

Was tust du, wenn du etwas benötigst? Dann redest du mit Gott im Gebet darüber und vertraust ihm, dass er dich versorgt, oder?

Stell dir nun vor, du hättest eine himmlische Gebetssprache, die es dir ermöglicht, immer perfekt in Übereinstimmung mit dem Willen Gottes zu beten, der darin besteht, dich mit guten und vollkommenen Gaben zu segnen (siehe Jak 1,17). Dazu gehören göttliche Weisheit, die Erbauung deines Geistes und deines Glaubens, Heilung für deinen Körper und Gesundheit für deinen Verstand. Das Beten in Sprachen gibt dir Zugang zu all diesen Segnungen.

Deshalb möchte Gott, dass du dieses mächtige Gnadengeschenk annimmst und einsetzt. Es handelt sich um *eine* Gabe mit *vielen* Anwendungsmöglichkeiten und Vorteilen!

ES MACHT DEIN GEBETSLEBEN KRAFTVOLL UND GRENZENLOS

Das Sprachengebet wird vom Heiligen Geist in uns hineinlegt, um Gott gegenüber all das zum Ausdruck zu bringen, was wir aufgrund unserer menschlichen Begrenzungen nicht in Worte fassen können. Diese Art des Gebets ist ein kraftvolles Geschenk, das nicht durch Entfernung, Zeit oder Kopfwissen begrenzt wird.

Wenn wir ein Problem haben, kennen wir oft nicht alle Details oder wissen nicht, wie wir es lösen können. Daher kann es sein, dass unser Wissen oder Verständnis bezüglich der Situation unser Gebet begrenzt. Doch wenn du im Heiligen Geist betest, erlaubst du ihm, für dich einzutreten. Und der Geist, der keine Grenzen kennt, weiß *alles*. Er weiß haargenau, was das Problem ist und auch was du brauchst. Er weiß, wie er Gottes beste Lösung in dein Leben hineinbringen kann (siehe Röm 8,26–27). Er kann im Einklang mit dem Willen Gottes für dich bitten und alles in jedem Bereich deines Lebens zum Guten zusammenwirken lassen (siehe Röm 8,28)!

Wusstest du übrigens, dass du, wenn du in Sprachen betest, auch Gutes in deine Zukunft prophezeien oder sogar für den Schutz eines geliebten Menschen beten kannst? Martin aus Georgia, der in den USA meinen Predigten per Fernsehübertragung folgt, erfuhr dies aus erster Hand:

Eines Tages, als ich von der Arbeit nach Hause kam, fühlte ich ein starkes Drängen, im Geist zu beten. Auch wenn ich keine Ahnung hatte, für wen das Gebet bestimmt war, wusste ich doch, dass alles sicher in den Händen des Herrn war.

Später erhielt ich einen Anruf, den sich kein Elternteil wünscht. Meine Tochter, die in New Hampshire lebt, hatte einen schrecklichen Autounfall. Laut dem Bericht der Staatspolizei war ihr Auto mit 130 Stundenkilometern von der Straße abgekommen und hatte einen 18 Meter hohen Baum getroffen. Der Aufprall war so stark, dass sich ihr Auto mehrmals überschlug und der Motor auseinanderbrach.

Der Unfall ereignete sich wenige Minuten, nachdem ich gebetet hatte. Laut meiner Tochter sagte ein Polizist zu ihr: »Lady, eigentlich müssten Sie tot sein. Ich habe noch nie gesehen, dass jemand so etwas überlebt hat!« Gelobt sei Gott, dass meine Tochter nur kleine Blutergüsse und einen Kratzer davongetragen hat!

Ich gebe Jesus alles Lob und die Ehre dafür, dass er an jenem Tag das Leben meiner Tochter rettete! Wie wunderbar ist doch der Jesus, dem wir dienen!

Welch ein erstaunliches Zeugnis! Wenn du im Geist betest, stellst du vielleicht, ohne es zu wissen, wirkungsvoll und übernatürlich deine Lieben oder deine Zukunft unter Gottes Schutz (während dir die Details erspart bleiben, die dich wirklich erschrecken würden). Das Beste daran ist, dass du auf diese Weise bei fast all deinen täglichen Aufgaben beten kannst. Du kannst flüsternd im Geist beten, während du Auto fährst, unter der Dusche stehst oder irgendeine Routinearbeit erledigst … und dabei den ganzen Tag lang kraftvolle Gebete sprechen!

ES BAUT DEINEN GLAUBEN AUF

Judas 20–21 ermuntert uns dazu, in Sprachen zu beten, weil es uns auf dem Fundament unseres allerheiligsten Glaubens aufbaut und uns in der Liebe Gottes bewahrt. Wenn du in Sprachen betest, erinnerst du dich daran, dass Gott in dir, für dich und durch dich wirkt. Du stärkst deinen inneren Menschen. Du stärkst deinen Glauben und bewahrst dich in der Liebe des Herrn zu dir.

Einmal, als ich in der Bibel nachforschte, zeigte mir der Herr auch eine innere Vision – davon, wie um uns herum ein Schild aus Wasser aufgerichtet wird, wenn wir in Sprachen beten. Wir haben gelernt, dass Wasser ein Bild für den Heiligen Geist ist (siehe Joh 7,38–39), aber warum ein *Wasserschild*? Weil wir auf diese Weise alle *feurigen* Pfeile des Feindes *auslöschen* (siehe Eph 6,16).

Stell dir vor, du wärst ständig von diesem mächtigen Schild umgeben, wenn du in deinem Alltag im Geist betest. Du musst die Angriffe des Teufels auf dich nicht fürchten. Du kannst im Glauben zunehmend stärker werden und mutig in der Verheißung leben, dass keine Waffe, die gegen dich oder deine Lieben geschmiedet wurde, Erfolg haben wird (siehe Jes 54,17)!

ES LÄSST STRÖME DER PRAKTISCHEN VERSORGUNG UND DES LEBENS IN DEINE UMSTÄNDE FLIESSEN

Welches Bedürfnis hast du heute? Gott hält Ströme praktischer Versorgung bereit, um dir Heilung, Leben und Versorgung für alle deine Herausforderungen zu bringen. Als Gläubiger des neuen Bundes hast du durch den Heiligen Geist vollen Zugang zu diesen Lebensströmen. Wenn du im Geist betest, setzt du Ströme seiner Weisheit, Versorgung

und Heilung frei, die in deine Umstände hineinfließen.

Stehst du unter Druck, weil du eine Entscheidung in Bezug auf deine Familie, deinen Job, deine Beziehungen oder deine Finanzen treffen musst? Mache dir die Quelle der göttlichen Weisheit, die in dir schlummert, zunutze, und setze Ströme der Weisheit frei, um Licht und Urteilskraft in deine Situation zu bringen.

Ich habe festgestellt, dass mein Geist umso sensibler für Gottes Führung wird, je mehr ich im Geist bete. Ebenso wirst du beim Nutzen dieser Gabe besser damit vertraut werden, die Anwesenheit oder Abwesenheit des Friedens des Herrn hinsichtlich einer Angelegenheit zu spüren. Und je mehr du lernst, seine Führung des Friedens zu erkennen und ihr zu folgen, desto mehr wirst du gewappnet sein, die richtigen Entscheidungen zu treffen, dich zur richtigen Zeit am richtigen Ort zu befinden und Gottes Schutz zu erfahren.

Abgesehen vom Strom der Weisheit gibt es noch viele andere Ströme der Kraft, die deinem Körper bzw. deinen Umständen Leben verleihen werden. Es gibt einen Strom des Lebens für einen klaren Verstand, einen Strom der Liebe, außerdem einen

Strom der Ruhe ebenso wie einen Strom der Erfrischung – sie alle warten darauf, durch dein Beten im Geist freigesetzt zu werden. Anstatt dich ausgelaugt und ausgetrocknet zu fühlen, lasse sein lebendiges Wasser frei fließen, während du diese kraftvolle Gabe konsequent praktizierst!

ES BRINGT GÖTTLICHE HEILUNG UND GESUNDHEIT IN DEINEN KÖRPER UND GEIST

In Sprachen zu beten ist eine kraftvolle, biblische Möglichkeit, um Heilung für Geist und Körper zu erfahren. Wenn du an einer schmerzhaften körperlichen Erkrankung, an Panikattacken, Depressionen oder einer anderen lähmenden Krankheit leidest, lass mich dir zeigen, wie das Nutzen von Gottes Geschenk des Sprachengebets Heilung und Gesundheit für deinen Körper und Geist bewirken kann.

Sieh dir an, was der Apostel Paulus in 1. Korinther 14,4 sagt – »Wer in einer Sprache redet, erbaut sich selbst«.

Nach Thayers Griechisch-Lexikon ist das Wort *erbaut* vom griechischen Wort *oikodomeo* übersetzt, welches bedeutet: »ein Haus bauen, ein Gebäude errichten … durch Bauen restaurieren, wieder aufbauen, reparieren«.[3] Ist das nicht interessant, wenn man bedenkt, dass unsere Körper die *Häuser* oder *Tempel* des Geistes Gottes sind (siehe 1Kor 6,19)? Und sagt uns das nicht, dass wir unseren durch Alter, Stress oder Krankheit verfallenen Körper wieder aufbauen oder reparieren können, wenn wir in Sprachen beten?

Du hast vielleicht gehört, dass du, wenn du in Sprachen betest, nur deinen Geist oder inneren Menschen erbaust oder neu auflädst. Doch in 1. Korinther 14,4 steht nicht, dass nur dein innerer Mensch erbaut wird. Es heißt dort, dass derjenige, der in Sprachen redet, *sich selbst* erbaut. Beinhaltet *sich selbst* die Augen, Ohren, Nase, Nieren, Leber, das Herz, Gehirn, die Knochen, Gelenke, Muskeln, das Nervensystem und jeden anderen Körperteil der jeweiligen Person? Ja, natürlich!

Lieber Freund, dein *ganzes Selbst* – Geist, Seele *wie auch* Körper – wird erbaut oder wieder aufgebaut, wenn du in Sprachen betest. Gott kümmert sich um das Gesamtpaket. Beschränke diesen regenerierenden Effekt also nicht auf deinen inneren Menschen. Fang an zu glauben, dass auch dein Körper verjüngt und wiederhergestellt wird, während du in Sprachen betest.

Perry, ein Mann aus meiner Gemeinde, schrieb mir, wie eine 29-mm-Zyste, die am Kopf seiner Bauchspeicheldrüse gefunden wurde, sich in nur zwei Monaten, nachdem er in Sprachen gebetet hatte, deutlich sichtbar auf 15 mm verkleinerte. Infolgedessen musste er sich keiner Whipple-Operation unterziehen – ein Eingriff, der komplexer ist als eine Herztransplantation. Folgendes berichtete er:

> *Als mein Arzt mir mitteilte, wie ernst mein Pankreasleiden sei und dass man an mir eventuell die Whipple-Operation durchführen müsse, bekam ich wirklich Angst und bat den Herrn um Heilung. Ich betete daraufhin in meiner stillen Zeit regelmäßig in Sprachen, wie Sie es uns lehrten. Dies half, meinen Glauben zu stärken und negative Gedanken zu beseitigen. Ich sagte Gott, dass ich mich der Whipple-Operation nicht unterziehen wollte, und betete, dass die Zyste kleiner werden und schließlich verschwinden würde.*
>
> *Als ich zur geplanten Untersuchung ging, empfand ich in meinem Herzen ein Gefühl*

der Ruhe und des Friedens. Ich betete weiter in Sprachen, während ich auf den Befund wartete. Und siehe da, die Zyste hatte sich auf 15 mm verkleinert! Sie war in zwei Monaten um die Hälfte geschrumpft! Die Ärzte stellten auch fest, dass sie gutartig war. So müsste ich nur einmal im Jahr zur Untersuchung wiederkommen. Welch ein Wunder!

Ich bete weiterhin in Sprachen und glaube, dass die Zyste bis zu meinem nächsten Arztbesuch vollständig verschwinden wird.

Das, mein Freund, ist die Kraft des Sprachengebets. Gibt es ein Organ in deinem Körper, das wiederhergestellt werden muss? Ein Herz, das nicht immer richtig schlägt, oder vielleicht eine unangenehme Hautkrankheit, die sich allen Arzneimitteln, die du probiert hast, widersetzt? Lieber Freund, egal, ob dich eine negative Diagnose oder eine chronische Erkrankung entmutigt hat oder ob du an Panikattacken und Depressionen leidest, übergib alles dem Herrn und lass seinen Geist deinen Körper und deinen Verstand erneuern und wiederherstellen. Gott will, dass du in jeder Hinsicht gesund bist, sowohl innerlich als auch äußerlich!

NUR DIE
VOLLKOMMENE
LIEBE GOTTES
KANN DIE FURCHT
AUSTREIBEN.

ES HILFT DIR, ÄNGSTE ZU ÜBERWINDEN

Hat Angst oder Furcht einen Einfluss auf dein Herz und deinen Verstand? Vielleicht hält dich die Furcht gefangen, etwas oder jemanden zu verlieren, krank zu werden oder zu sterben. Die Bibel erklärt uns deutlich, dass Furcht »mit Strafe zu tun [hat]« (1Joh 4,18), und das entspricht nicht dem Willen Gottes für seine Kinder.

Wie kann uns das Geschenk des Sprachengebets aus der Gefangenschaft der Furcht befreien? In einem früheren Abschnitt haben wir gelesen, wie das Beten im Geist uns in der Liebe Gottes bewahrt (siehe Jud 20–21). Als der Apostel Johannes darüber spricht, dass Furcht mit Strafe zu tun hat, sagt er uns auch, dass nur die vollkommene Liebe Gottes die Furcht austreiben kann (siehe 1Joh 4,18). Eine der Möglichkeiten, uns in der Liebe Gottes zu bewahren, besteht demnach darin, im Geist zu beten. Und wenn du das tust, wird die Furcht vollständig aus deinem Leben verjagt.

Lass mich dir eine weitere Bibelstelle darüber zeigen, wie das Sprachengebet die Furcht austreiben kann. In 2. Timotheus 1,6–7 erinnert Apostel Paulus Timotheus an etwas:

Aus diesem Grund erinnere ich dich daran, dass du erweckest die Gabe Gottes, die in dir ist durch die Auflegung meiner Hände. Denn Gott hat uns nicht gegeben den Geist der Furcht, sondern der Kraft und der Liebe und der Besonnenheit.

2. TIMOTHEUS 1,6–7 LUT

Im Griechischen ist das hier verwendete Wort für »Gabe« *charisma*, was *Gnadengabe* bedeutet und dasselbe Wort ist, mit dem das Sprachengebet als eine *Gabe* des Geistes beschrieben wird (siehe 1Kor 12,4).

Wenn du an alle Gaben des Geistes denkst – welche Gabe kannst du nach Belieben erwecken, dir zunutze machen? Ich glaube, Paulus bezieht sich hier auf die Gabe des Sprachengebets. Paulus erinnerte Timotheus an das Folgende: Das Erwecken der Gabe des Sprachengebets ist der Schlüssel, um frei von Furcht zu leben und Kraft, Liebe und Besonnenheit zu erfahren – Segnungen, die auch dein Erbe in Christus sind.

Ich möchte dir zeigen, wie Nancy aus North Carolina (USA) das erlebte. Da sie bereits im Heiligen Geist getauft war, wurde sie besonders aufmerksam, als sie mich lehren hörte, dass das Beten in Sprachen unsere Ängste und Befürchtungen wegnehmen könne. Das weckte ihr Interesse, denn sie hatte eine große Furcht davor entwickelt, bei Gewittern und Regengüssen Auto zu fahren. Sie erzählte mir:

Nachdem ich mir diese Predigt über das Sprachengebet angesehen hatte, bekam ich die Gelegenheit, in Sprachen zu beten, als ich durch einen schweren Sturm fuhr. Anstatt in Panik zu geraten, begann ich in Sprachen zu beten, bevor ich den Sturm erreichte, und hörte nicht auf, bis ich aus ihm herausgefahren war. Während dieser ganzen Zeit war ich in völligem Frieden, ohne Panik oder Angst. Es war unglaublich!

Ich preise Gott, dass er mich da durchbrachte! Ich lernte, beim Beten in Sprachen meinen Blick auf Jesus zu richten, und heute habe ich keine Angst mehr vor Stürmen!

Wenn du dir wie Nancy über etwas Sorgen machst – es könnten deine Gesundheit, deine Kinder oder deine Zukunft sein –, möchte ich dich ermutigen, in Sprachen zu beten. Wie Nancy wirst du feststellen, wie deine Ängste übernatürlich durch Gottes Liebe und vollkommenen Frieden ersetzt werden, und Sieg über Angst und Besorgnis erleben.

Mein Freund, was auch immer heute deine Herausforderung ist, ich möchte dich wissen lassen, dass Gott dich liebt und schon alles bereitgestellt hat, was du brauchst. Mach dir seine Gnadengabe des Sprachengebets zunutze und erlebe heute die Ströme seiner Kraft, seiner Versorgung und seines Lebens für jeden schwierigen Umstand!

Wie kann ich dieses Geschenk annehmen

UND IN DESSEN SEGNUNGEN LEBEN?

Anstatt ängstlich zu werden, weil du versuchst, die Situation allein zu meistern, bete in Sprachen und erlebe Gottes Ruhe.

Lieber Freund, das Sprachengebet ist Gottes kostbares Gnadengeschenk an dich. Ich hoffe, du hast anhand der erwähnten Bibelverse erkannt, dass es sich um *eine* Gabe mit *vielen* praktischen und kraftvollen Vorteilen handelt.

Wenn du dir heute Sorgen um eine Angelegenheit machst oder den Herrn um Weisheit oder einen Durchbruch in irgendeinem Lebensbereich bittest, vertraue darauf, dass der Geist Gottes alle deine Sorgen versteht, dass er sieht, wo das Problem liegt, dass er in der Lage ist, dich zu heilen und dir eine himmlische Antwort zu geben, die besser ist als das, was menschliche Macht und Verstand hervorbringen können.

Anstatt Angst zu bekommen, weil du versuchst, die Situation in deiner eigenen Kraft zu bewältigen, will ich dich ermutigen, in Sprachen zu beten. Wenn du das tust, ruhst du in der Liebe des Herrn und lässt ihn Gott sein. Er hat versprochen, dass dein Berg nicht durch Macht und nicht durch Kraft, sondern *durch seinen Geist* zu einer Ebene wird (siehe Sach 4,6–7).

Vielleicht weißt du bereits, wie man im Geist betet, hast diese wunderbare Gnadengabe aber schon seit geraumer Zeit nicht mehr genutzt. Kann ich dich ermutigen, es wieder zu tun? Du wirst sehen, wie seine Gnade – seine praktische Versorgung – jede negative Situation durchdringt!

EMPFANGE DEINE HIMMLISCHE SPRACHE UND LASS IHR FREIEN LAUF

Wenn du noch nie zuvor in Sprachen gebetet oder geredet hast, es aber gern möchtest, lass mich dich durch ein einfaches Gebet führen, damit du dieses Geschenk annehmen kannst. Wenn du Jesus zu deinem Herrn und Retter gemacht hast, kannst du dir sicher sein, dass du Anspruch auf diese Gabe hast.

Jesus selbst sagte: »Diese Zeichen aber werden die begleiten, die gläubig geworden sind: In meinem Namen werden sie … in neuen Sprachen reden« (Mk 16,17). Glaubst du an Jesus? Dann kannst du dir sicher sein, dass du dieses Geschenk empfängst, wenn du in seinem Namen darum bittest, denn er sagte auch:

Wenn nun ihr, die ihr böse seid,
euren Kindern gute Gaben zu geben versteht,
wie viel mehr wird der Vater im Himmel

[den] Heiligen Geist denen geben, die ihn bitten!

LUKAS 11,13

Lieber Freund, der Vater, der dir stets gute Gaben geben möchte, ist mehr als bereit, dich mit seinem Geist zu erfüllen und dir diese himmlische Sprache jetzt zu schenken.

Bist du bereit? Dann heb deine Hände zu ihm auf und sag Folgendes mit mir:

Himmlischer Vater, ich bin überzeugt: Du wirst mir die Taufe im Heiligen Geist schenken und damit auch die Befähigung, in Sprachen zu reden. Überflute mich, erfülle mich und taufe mich mit dem Heiligen Geist. Jesus hat den Preis bezahlt, damit ich jeden Segen von dir erhalten kann. So empfange ich jetzt deinen Heiligen Geist bis zum Überfließen, und im Namen Jesu erwarte ich voll Zuversicht, dass ich beginnen werde, in meiner neuen himmlischen Sprache zu reden. Ich werde meinen Mund öffnen und jetzt im Glauben sprechen. Danke für all die Vorteile, die das Beten im Geist in meinem Leben freisetzen wird. Im Namen Jesu, Amen!

Alles klar, jetzt lass deiner himmlische Sprache freien Lauf. Nur zu, sprich in neuen Sprachen. Römer 8,26 verrät uns, dass der Heilige Geist uns zu Hilfe kommt, indem er im Gebet für uns eintritt.

Das Wort »Hilfe« bedeutet auf Griechisch »zusammenhalten gegen«.[4] Das bedeutet, dass der Heilige Geist unsere Probleme gemeinsam mit uns in Angriff nimmt. Er braucht unsere Beteiligung. Wie genau beteiligen wir uns? **Wir müssen unseren Mund öffnen und ihm eine Stimme geben.**

Einige von euch haben vielleicht das Gefühl, als wäre nichts passiert. Doch wenn ihr Gott einmal um die Gabe des Sprachengebets gebeten habt, dürft ihr wissen und glauben, dass er ein Gott seines Wortes ist und euch dieses Geschenk gegeben hat – einfach weil ihr ihn darum gebeten habt (siehe nochmals Lukas 11,13).

Du hast vielleicht noch nicht angefangen, in Sprachen zu reden, aber lass dich nicht entmutigen. Beginne damit, die Silben auszusprechen, die dir in den Sinn kommen. Der Heilige Geist wird dich nicht zum Sprechen zwingen. Du musst mit ihm zusammenarbeiten, indem du im Glauben deinen Mund öffnest und sprichst. Wenn du in der Gemeinde bist, bitte jemanden, den du kennst und der bereits in Sprachen redet, mit dir zu beten. Du kannst auch im Geist beten, während du den Herrn – in der Gemeinde oder allein – anbetest.

Und wenn du zunächst bloß einsilbige, kindliche Laute hörst, die sich von den Sprachen anderer Christen unterscheiden, sei nicht entmutigt. Mach einfach weiter. Nimm dir jeden Tag etwas Zeit, um in Sprachen zu beten, und während du damit weitermachst, wird aus dem, was vielleicht als Rinnsal begonnen hat, allmählich ein Fluss. Du wirst in deiner neuen Sprache fließend werden, und je mehr du das Sprachengebet zu einem Teil deines Alltags machst, desto mehr wirst du den inneren Frieden, die Kraft und die Wahrnehmung der Liebe Gottes entdecken, die durch das Beten im Geist hervorgebracht werden!

Mein Freund, ich bete, dass du ein tiefgründigeres Leben mit dem Herrn erfährst und siehst, wie sich das Übernatürliche darin offenbart, wenn du Gottes Kraft durch dieses wunderbare Geschenk des Sprachengebets freisetzt!

SCHLUSSWORT

Lieber Freund, Gott liebt dich so sehr, dass er nur das Beste für dich will. Deshalb hat er dir das Geschenk des Sprachengebets gemacht. Er will, dass du diese Gebetssprache hast, weil sie dein Gebetsleben auf eine ganz neue Ebene bringt. Durch dieses kraftvolle Geschenk kannst du die Liebe, Kraft und praktische Versorgung des Heiligen Geistes auf übernatürliche Weise in deinem Alltag erfahren.

Denk daran, es ist Gottes Gnadengeschenk, deshalb musst du nichts weiter tun, außer ihn darum zu bitten, und dann fängst du im Glauben einfach an, in Sprachen zu beten. Und falls du bereits im Geist betest, mach es zu deinem Lebensstil – bete im Geist, wann und wo immer du kannst. Du brauchst dafür nicht deinen Verstand einzuschalten, erlaube einfach dem Heiligen Geist, in deinen Umständen auf mächtige Weise zu wirken, und du wirst sehen, wie dein Leben zu fließen beginnt.

Ich hoffe, du wurdest durch die Wahrheiten und Zeugnisse in diesem Buch gesegnet. Wenn du noch mehr Zeugnisse lesen möchtest, gehe auf die Seite www.JosephPrince.de/Zeugnisse.

Mögest du auf Ströme lebendigen Wassers stoßen, während du das kostbare Geschenk des Sprachengebets ergreifst!

Möchtest du Jesus persönlich kennenlernen?

Wenn du alles, was Jesus für dich getan hat, empfangen willst und ihn zu deinem Herrn und Retter machen möchtest, dann sprich bitte folgendes Gebet:

Herr Jesus, danke, dass du mich liebst und für mich am Kreuz gestorben bist. Dein kostbares Blut reinigt mich von jeder Sünde. Du bist mein Herr und mein Retter, jetzt und für immer. Ich glaube, dass du von den Toten auferstanden bist und dass du heute lebst. Dank deines vollbrachten Werks bin ich jetzt ein geliebtes Kind Gottes, und der Himmel ist mein Zuhause. Danke, dass du mir ewiges Leben schenkst und mein Herz mit deinem Frieden und deiner Freude erfüllst. Amen.

Wir würden gern von dir hören

Wenn du das Gebet für deine Errettung gebetet hast oder uns nach dem Lesen dieses Buches gern dein Zeugnis erzählen möchtest, dann schreib uns bitte über **www.JosephPrince.de/Zeugnis.** Wir freuen uns, von dir zu hören!

Besonderer Dank

Besonderer Dank und Anerkennung gelten allen, die uns ihre Zeugnisse zugesandt haben. Bitte beachte, dass alle Zeugnisse in gutem Glauben erhalten und nur der Kürze und sprachlichen Flüssigkeit halber bearbeitet wurden. Die Namen der Verfasser wurden zum Schutz ihrer Privatsphäre geändert.

Kostenlose tägliche Andacht per E-Mail

Trage dich unter JosephPrince.de/Andachten in den Verteiler für Josephs kostenlose E-Mail-Andachten ein und erhalte kurze Botschaften, die dir helfen, in der Gnade zu wachsen.

Bleibe mit Joseph in Kontakt

Über die folgenden Social-Media-Kanäle kannst du mit Joseph in Kontakt bleiben und täglich inspirierende Impulse (in englischer Sprache) erhalten:

Facebook.com/JosephPrince
X.com/JosephPrince
Youtube.com/@JosephPrince
Instagram: @JosephPrince

Anmerkungen

1 NT: 5486, James Strong, *Biblesoft's New Exhaustive Strong's Numbers and Concordance with Expanded Greek-Hebrew Dictionary.* Copyright © 1994, 2003, 2006 Biblesoft, Inc., and International Bible Translators, Inc.

2 NT: 1968, James Strong, *Biblesoft's New Exhaustive Strong's Numbers and Concordance with Expanded Greek-Hebrew Dictionary.* Copyright © 1994, 2003, 2006 Biblesoft, Inc., and International Bible Translators, Inc.

3 NT: 3618, James Strong *Biblesoft's New Exhaustive Strong's Numbers and Concordance with Expanded Greek-Hebrew Dictionary.* Copyright © 1994, 2003, 2006 Biblesoft, Inc., and International Bible Translators, Inc.

4 NT: 4878, James Strong *Biblesoft's New Exhaustive Strong's Numbers and Concordance with Expanded Greek-Hebrew Dictionary.* Copyright © 1994, 2003, 2006 Biblesoft, Inc., and International Bible Translators, Inc.

Weitere Bücher von Joseph Prince

Iss sich gesund
Von der Gebundenheit zum Durchbruch
Keine Angst mehr
Lass los und lebe
Gedanken für ein Leben des Loslassens
Das Eine, das zählt
Zur Herrschaft bestimmt – 365 Andachten
Hoffnung, die nie enttäuscht
Gib mir diesen Berg
Schluss mit negativen Gedanken
Jesus, mein bester Freund
Expedition Verheißenes Land
Gnadenzusagen für Mütter
Gnadenzusagen für Väter
Heilungszusagen
Versorgungszusagen
Das Gebet des Schutzes
Die Kraft des richtigen Glaubens
Geistliche Kampfführung

Mehr Informationen zu seinen Büchern und anderem inspirierenden Material findest du auf:

www.josephprince.de und www.gracetoday.de